中华人民共和国劳动争议调解仲裁法
最高人民法院关于审理劳动争议案件适用法律问题的解释（一）、（二）

（含典型案例）

中国法治出版社

目　　录

中华人民共和国劳动争议调解仲裁法 …………… （1）

最高人民法院关于审理劳动争议案件适用法律
　　问题的解释（一） ………………………………（16）

最高人民法院关于审理劳动争议案件适用法律
　　问题的解释（二） ………………………………（34）

最高法相关部门负责人就劳动争议司法解释
　　（二）答记者问 …………………………………（42）

典型案例

1. 某建筑公司与张某工伤保险待遇纠纷案 ……… （47）
　　——转承包建设工程的个人招用的劳动者被认
　　　　定工伤后，承包人负有支付工伤保险待遇
　　　　的责任

2. 王某与某数字公司劳动合同纠纷案 …………… （49）
　　——关联企业混同用工，人民法院可根据劳动
　　　　者主张并结合案情认定劳动关系

1

3. 冉某与某宾馆、某农旅公司劳动争议案 ………（51）
　　——劳动者故意不订立书面劳动合同，用人单位不负有支付二倍工资的责任

4. 某甲医药公司与郑某竞业限制纠纷案 …………（53）
　　——劳动者负有的竞业限制义务应与其知悉的商业秘密和与知识产权相关的保密事项范围相适应

5. 黄某与某纺织公司竞业限制纠纷案 ……………（55）
　　——劳动者违反在职竞业限制义务约定，应依法承担违约责任

6. 朱某与某保安公司劳动争议案 …………………（57）
　　——有关不缴纳社会保险费的约定无效，劳动者以此为由解除劳动合同时有权请求用人单位支付经济补偿

中华人民共和国
劳动争议调解仲裁法

（2007年12月29日第十届全国人民代表大会常务委员会第三十一次会议通过 2007年12月29日中华人民共和国主席令第80号公布 自2008年5月1日起施行）

目 录

第一章 总　　则

第二章 调　　解

第三章 仲　　裁

　第一节 一般规定

　第二节 申请和受理

　第三节 开庭和裁决

第四章 附　　则

第一章 总　　则

第一条 为了公正及时解决劳动争议，保护当事人合法权益，促进劳动关系和谐稳定，制定本法。

第二条 中华人民共和国境内的用人单位与劳动者发生的下列劳动争议，适用本法：

（一）因确认劳动关系发生的争议；

（二）因订立、履行、变更、解除和终止劳动合同发生的争议；

（三）因除名、辞退和辞职、离职发生的争议；

（四）因工作时间、休息休假、社会保险、福利、培训以及劳动保护发生的争议；

（五）因劳动报酬、工伤医疗费、经济补偿或者赔偿金等发生的争议；

（六）法律、法规规定的其他劳动争议。

第三条 解决劳动争议，应当根据事实，遵循合法、公正、及时、着重调解的原则，依法保护当事人的合法权益。

第四条 发生劳动争议，劳动者可以与用人单位协商，也可以请工会或者第三方共同与用人单位协商，达成和解协议。

第五条　发生劳动争议，当事人不愿协商、协商不成或者达成和解协议后不履行的，可以向调解组织申请调解；不愿调解、调解不成或者达成调解协议后不履行的，可以向劳动争议仲裁委员会申请仲裁；对仲裁裁决不服的，除本法另有规定的外，可以向人民法院提起诉讼。

第六条　发生劳动争议，当事人对自己提出的主张，有责任提供证据。与争议事项有关的证据属于用人单位掌握管理的，用人单位应当提供；用人单位不提供的，应当承担不利后果。

第七条　发生劳动争议的劳动者一方在十人以上，并有共同请求的，可以推举代表参加调解、仲裁或者诉讼活动。

第八条　县级以上人民政府劳动行政部门会同工会和企业方面代表建立协调劳动关系三方机制，共同研究解决劳动争议的重大问题。

第九条　用人单位违反国家规定，拖欠或者未足额支付劳动报酬，或者拖欠工伤医疗费、经济补偿或者赔偿金的，劳动者可以向劳动行政部门投诉，劳动行政部门应当依法处理。

第二章 调 解

第十条 发生劳动争议,当事人可以到下列调解组织申请调解:

(一)企业劳动争议调解委员会;

(二)依法设立的基层人民调解组织;

(三)在乡镇、街道设立的具有劳动争议调解职能的组织。

企业劳动争议调解委员会由职工代表和企业代表组成。职工代表由工会成员担任或者由全体职工推举产生,企业代表由企业负责人指定。企业劳动争议调解委员会主任由工会成员或者双方推举的人员担任。

第十一条 劳动争议调解组织的调解员应当由公道正派、联系群众、热心调解工作,并具有一定法律知识、政策水平和文化水平的成年公民担任。

第十二条 当事人申请劳动争议调解可以书面申请,也可以口头申请。口头申请的,调解组织应当当场记录申请人基本情况、申请调解的争议事项、理由和时间。

第十三条 调解劳动争议,应当充分听取双方当事人对事实和理由的陈述,耐心疏导,帮助其达成协议。

第十四条 经调解达成协议的,应当制作调解协议书。

调解协议书由双方当事人签名或者盖章，经调解员签名并加盖调解组织印章后生效，对双方当事人具有约束力，当事人应当履行。

自劳动争议调解组织收到调解申请之日起十五日内未达成调解协议的，当事人可以依法申请仲裁。

第十五条　达成调解协议后，一方当事人在协议约定期限内不履行调解协议的，另一方当事人可以依法申请仲裁。

第十六条　因支付拖欠劳动报酬、工伤医疗费、经济补偿或者赔偿金事项达成调解协议，用人单位在协议约定期限内不履行的，劳动者可以持调解协议书依法向人民法院申请支付令。人民法院应当依法发出支付令。

第三章　仲　　裁

第一节　一般规定

第十七条　劳动争议仲裁委员会按照统筹规划、合理布局和适应实际需要的原则设立。省、自治区人民政府可以决定在市、县设立；直辖市人民政府可以决定在区、县设立。直辖市、设区的市也可以设立一个或者若干个劳动争议仲裁委员会。劳动争议仲裁委员会不按行政区划层层设立。

第十八条 国务院劳动行政部门依照本法有关规定制定仲裁规则。省、自治区、直辖市人民政府劳动行政部门对本行政区域的劳动争议仲裁工作进行指导。

第十九条 劳动争议仲裁委员会由劳动行政部门代表、工会代表和企业方面代表组成。劳动争议仲裁委员会组成人员应当是单数。

劳动争议仲裁委员会依法履行下列职责：

（一）聘任、解聘专职或者兼职仲裁员；

（二）受理劳动争议案件；

（三）讨论重大或者疑难的劳动争议案件；

（四）对仲裁活动进行监督。

劳动争议仲裁委员会下设办事机构，负责办理劳动争议仲裁委员会的日常工作。

第二十条 劳动争议仲裁委员会应当设仲裁员名册。

仲裁员应当公道正派并符合下列条件之一：

（一）曾任审判员的；

（二）从事法律研究、教学工作并具有中级以上职称的；

（三）具有法律知识、从事人力资源管理或者工会等专业工作满五年的；

（四）律师执业满三年的。

第二十一条　劳动争议仲裁委员会负责管辖本区域内发生的劳动争议。

劳动争议由劳动合同履行地或者用人单位所在地的劳动争议仲裁委员会管辖。双方当事人分别向劳动合同履行地和用人单位所在地的劳动争议仲裁委员会申请仲裁的，由劳动合同履行地的劳动争议仲裁委员会管辖。

第二十二条　发生劳动争议的劳动者和用人单位为劳动争议仲裁案件的双方当事人。

劳务派遣单位或者用工单位与劳动者发生劳动争议的，劳务派遣单位和用工单位为共同当事人。

第二十三条　与劳动争议案件的处理结果有利害关系的第三人，可以申请参加仲裁活动或者由劳动争议仲裁委员会通知其参加仲裁活动。

第二十四条　当事人可以委托代理人参加仲裁活动。委托他人参加仲裁活动，应当向劳动争议仲裁委员会提交有委托人签名或者盖章的委托书，委托书应当载明委托事项和权限。

第二十五条　丧失或者部分丧失民事行为能力的劳动者，由其法定代理人代为参加仲裁活动；无法定代理人的，由劳动争议仲裁委员会为其指定代理人。劳动者死亡的，由其近亲属或者代理人参加仲裁活动。

第二十六条　劳动争议仲裁公开进行，但当事人协议不公开进行或者涉及国家秘密、商业秘密和个人隐私的除外。

第二节 申请和受理

第二十七条 劳动争议申请仲裁的时效期间为一年。仲裁时效期间从当事人知道或者应当知道其权利被侵害之日起计算。

前款规定的仲裁时效，因当事人一方向对方当事人主张权利，或者向有关部门请求权利救济，或者对方当事人同意履行义务而中断。从中断时起，仲裁时效期间重新计算。

因不可抗力或者有其他正当理由，当事人不能在本条第一款规定的仲裁时效期间申请仲裁的，仲裁时效中止。从中止时效的原因消除之日起，仲裁时效期间继续计算。

劳动关系存续期间因拖欠劳动报酬发生争议的，劳动者申请仲裁不受本条第一款规定的仲裁时效期间的限制；但是，劳动关系终止的，应当自劳动关系终止之日起一年内提出。

第二十八条 申请人申请仲裁应当提交书面仲裁申请，并按照被申请人人数提交副本。

仲裁申请书应当载明下列事项：

（一）劳动者的姓名、性别、年龄、职业、工作单位和住所，用人单位的名称、住所和法定代表人或者主要负责人的姓名、职务；

（二）仲裁请求和所根据的事实、理由；

（三）证据和证据来源、证人姓名和住所。

书写仲裁申请确有困难的，可以口头申请，由劳动争议仲裁委员会记入笔录，并告知对方当事人。

第二十九条 劳动争议仲裁委员会收到仲裁申请之日起五日内，认为符合受理条件的，应当受理，并通知申请人；认为不符合受理条件的，应当书面通知申请人不予受理，并说明理由。对劳动争议仲裁委员会不予受理或者逾期未作出决定的，申请人可以就该劳动争议事项向人民法院提起诉讼。

第三十条 劳动争议仲裁委员会受理仲裁申请后，应当在五日内将仲裁申请书副本送达被申请人。

被申请人收到仲裁申请书副本后，应当在十日内向劳动争议仲裁委员会提交答辩书。劳动争议仲裁委员会收到答辩书后，应当在五日内将答辩书副本送达申请人。被申请人未提交答辩书的，不影响仲裁程序的进行。

第三节　开庭和裁决

第三十一条 劳动争议仲裁委员会裁决劳动争议案

件实行仲裁庭制。仲裁庭由三名仲裁员组成，设首席仲裁员。简单劳动争议案件可以由一名仲裁员独任仲裁。

第三十二条 劳动争议仲裁委员会应当在受理仲裁申请之日起五日内将仲裁庭的组成情况书面通知当事人。

第三十三条 仲裁员有下列情形之一，应当回避，当事人也有权以口头或者书面方式提出回避申请：

（一）是本案当事人或者当事人、代理人的近亲属的；

（二）与本案有利害关系的；

（三）与本案当事人、代理人有其他关系，可能影响公正裁决的；

（四）私自会见当事人、代理人，或者接受当事人、代理人的请客送礼的。

劳动争议仲裁委员会对回避申请应当及时作出决定，并以口头或者书面方式通知当事人。

第三十四条 仲裁员有本法第三十三条第四项规定情形，或者有索贿受贿、徇私舞弊、枉法裁决行为的，应当依法承担法律责任。劳动争议仲裁委员会应当将其解聘。

第三十五条 仲裁庭应当在开庭五日前，将开庭日期、地点书面通知双方当事人。当事人有正当理由的，可以在开庭三日前请求延期开庭。是否延期，由劳动争议仲裁委员会决定。

第三十六条　申请人收到书面通知，无正当理由拒不到庭或者未经仲裁庭同意中途退庭的，可以视为撤回仲裁申请。

被申请人收到书面通知，无正当理由拒不到庭或者未经仲裁庭同意中途退庭的，可以缺席裁决。

第三十七条　仲裁庭对专门性问题认为需要鉴定的，可以交由当事人约定的鉴定机构鉴定；当事人没有约定或者无法达成约定的，由仲裁庭指定的鉴定机构鉴定。

根据当事人的请求或者仲裁庭的要求，鉴定机构应当派鉴定人参加开庭。当事人经仲裁庭许可，可以向鉴定人提问。

第三十八条　当事人在仲裁过程中有权进行质证和辩论。质证和辩论终结时，首席仲裁员或者独任仲裁员应当征询当事人的最后意见。

第三十九条　当事人提供的证据经查证属实的，仲裁庭应当将其作为认定事实的根据。

劳动者无法提供由用人单位掌握管理的与仲裁请求有关的证据，仲裁庭可以要求用人单位在指定期限内提供。用人单位在指定期限内不提供的，应当承担不利后果。

第四十条　仲裁庭应当将开庭情况记入笔录。当事人和其他仲裁参加人认为对自己陈述的记录有遗漏或者差错的，有权申请补正。如果不予补正，应当记录该申请。

笔录由仲裁员、记录人员、当事人和其他仲裁参加人签名或者盖章。

第四十一条 当事人申请劳动争议仲裁后，可以自行和解。达成和解协议的，可以撤回仲裁申请。

第四十二条 仲裁庭在作出裁决前，应当先行调解。

调解达成协议的，仲裁庭应当制作调解书。

调解书应当写明仲裁请求和当事人协议的结果。调解书由仲裁员签名，加盖劳动争议仲裁委员会印章，送达双方当事人。调解书经双方当事人签收后，发生法律效力。

调解不成或者调解书送达前，一方当事人反悔的，仲裁庭应当及时作出裁决。

第四十三条 仲裁庭裁决劳动争议案件，应当自劳动争议仲裁委员会受理仲裁申请之日起四十五日内结束。案情复杂需要延期的，经劳动争议仲裁委员会主任批准，可以延期并书面通知当事人，但是延长期限不得超过十五日。逾期未作出仲裁裁决的，当事人可以就该劳动争议事项向人民法院提起诉讼。

仲裁庭裁决劳动争议案件时，其中一部分事实已经清楚，可以就该部分先行裁决。

第四十四条 仲裁庭对追索劳动报酬、工伤医疗费、经济补偿或者赔偿金的案件，根据当事人的申请，可以裁决先予执行，移送人民法院执行。

仲裁庭裁决先予执行的，应当符合下列条件：

（一）当事人之间权利义务关系明确；

（二）不先予执行将严重影响申请人的生活。

劳动者申请先予执行的，可以不提供担保。

第四十五条 裁决应当按照多数仲裁员的意见作出，少数仲裁员的不同意见应当记入笔录。仲裁庭不能形成多数意见时，裁决应当按照首席仲裁员的意见作出。

第四十六条 裁决书应当载明仲裁请求、争议事实、裁决理由、裁决结果和裁决日期。裁决书由仲裁员签名，加盖劳动争议仲裁委员会印章。对裁决持不同意见的仲裁员，可以签名，也可以不签名。

第四十七条 下列劳动争议，除本法另有规定的外，仲裁裁决为终局裁决，裁决书自作出之日起发生法律效力：

（一）追索劳动报酬、工伤医疗费、经济补偿或者赔偿金，不超过当地月最低工资标准十二个月金额的争议；

（二）因执行国家的劳动标准在工作时间、休息休假、社会保险等方面发生的争议。

第四十八条　劳动者对本法第四十七条规定的仲裁裁决不服的，可以自收到仲裁裁决书之日起十五日内向人民法院提起诉讼。

第四十九条　用人单位有证据证明本法第四十七条规定的仲裁裁决有下列情形之一，可以自收到仲裁裁决书之日起三十日内向劳动争议仲裁委员会所在地的中级人民法院申请撤销裁决：

（一）适用法律、法规确有错误的；

（二）劳动争议仲裁委员会无管辖权的；

（三）违反法定程序的；

（四）裁决所根据的证据是伪造的；

（五）对方当事人隐瞒了足以影响公正裁决的证据的；

（六）仲裁员在仲裁该案时有索贿受贿、徇私舞弊、枉法裁决行为的。

人民法院经组成合议庭审查核实裁决有前款规定情形之一的，应当裁定撤销。

仲裁裁决被人民法院裁定撤销的，当事人可以自收到裁定书之日起十五日内就该劳动争议事项向人民法院提起诉讼。

第五十条　当事人对本法第四十七条规定以外的其他劳动争议案件的仲裁裁决不服的，可以自收到仲裁裁决书之日起十五日内向人民法院提起诉讼；期满不起诉的，裁决书发生法律效力。

第五十一条　当事人对发生法律效力的调解书、裁决书，应当依照规定的期限履行。一方当事人逾期不履行的，另一方当事人可以依照民事诉讼法的有关规定向人民法院申请执行。受理申请的人民法院应当依法执行。

第四章　附　　则

第五十二条　事业单位实行聘用制的工作人员与本单位发生劳动争议的，依照本法执行；法律、行政法规或者国务院另有规定的，依照其规定。

第五十三条　劳动争议仲裁不收费。劳动争议仲裁委员会的经费由财政予以保障。

第五十四条　本法自 2008 年 5 月 1 日起施行。

最高人民法院关于审理劳动争议案件适用法律问题的解释（一）

（2020年12月25日最高人民法院审判委员会第1825次会议通过　2020年12月29日最高人民法院公告公布　自2021年1月1日起施行　法释〔2020〕26号）

为正确审理劳动争议案件，根据《中华人民共和国民法典》《中华人民共和国劳动法》《中华人民共和国劳动合同法》《中华人民共和国劳动争议调解仲裁法》《中华人民共和国民事诉讼法》等相关法律规定，结合审判实践，制定本解释。

第一条　劳动者与用人单位之间发生的下列纠纷，属于劳动争议，当事人不服劳动争议仲裁机构作出的裁决，依法提起诉讼的，人民法院应予受理：

（一）劳动者与用人单位在履行劳动合同过程中发生的纠纷；

（二）劳动者与用人单位之间没有订立书面劳动合

同，但已形成劳动关系后发生的纠纷；

（三）劳动者与用人单位因劳动关系是否已经解除或者终止，以及应否支付解除或者终止劳动关系经济补偿金发生的纠纷；

（四）劳动者与用人单位解除或者终止劳动关系后，请求用人单位返还其收取的劳动合同定金、保证金、抵押金、抵押物发生的纠纷，或者办理劳动者的人事档案、社会保险关系等移转手续发生的纠纷；

（五）劳动者以用人单位未为其办理社会保险手续，且社会保险经办机构不能补办导致其无法享受社会保险待遇为由，要求用人单位赔偿损失发生的纠纷；

（六）劳动者退休后，与尚未参加社会保险统筹的原用人单位因追索养老金、医疗费、工伤保险待遇和其他社会保险待遇而发生的纠纷；

（七）劳动者因为工伤、职业病，请求用人单位依法给予工伤保险待遇发生的纠纷；

（八）劳动者依据劳动合同法第八十五条规定，要求用人单位支付加付赔偿金发生的纠纷；

（九）因企业自主进行改制发生的纠纷。

第二条 下列纠纷不属于劳动争议：

（一）劳动者请求社会保险经办机构发放社会保险金的纠纷；

（二）劳动者与用人单位因住房制度改革产生的公有住房转让纠纷；

（三）劳动者对劳动能力鉴定委员会的伤残等级鉴定结论或者对职业病诊断鉴定委员会的职业病诊断鉴定结论的异议纠纷；

（四）家庭或者个人与家政服务人员之间的纠纷；

（五）个体工匠与帮工、学徒之间的纠纷；

（六）农村承包经营户与受雇人之间的纠纷。

第三条 劳动争议案件由用人单位所在地或者劳动合同履行地的基层人民法院管辖。

劳动合同履行地不明确的，由用人单位所在地的基层人民法院管辖。

法律另有规定的，依照其规定。

第四条 劳动者与用人单位均不服劳动争议仲裁机构的同一裁决，向同一人民法院起诉的，人民法院应当并案审理，双方当事人互为原告和被告，对双方的诉讼请求，人民法院应当一并作出裁决。在诉讼过程中，一方当事人撤诉的，人民法院应当根据另一方当事人的诉讼请求继续审理。双方当事人就同一仲裁裁决分别向有管辖权的人民法院起诉的，后受理的人民法院应当将案件移送给先受理的人民法院。

第五条 劳动争议仲裁机构以无管辖权为由对劳动

争议案件不予受理，当事人提起诉讼的，人民法院按照以下情形分别处理：

（一）经审查认为该劳动争议仲裁机构对案件确无管辖权的，应当告知当事人向有管辖权的劳动争议仲裁机构申请仲裁；

（二）经审查认为该劳动争议仲裁机构有管辖权的，应当告知当事人申请仲裁，并将审查意见书面通知该劳动争议仲裁机构；劳动争议仲裁机构仍不受理，当事人就该劳动争议事项提起诉讼的，人民法院应予受理。

第六条 劳动争议仲裁机构以当事人申请仲裁的事项不属于劳动争议为由，作出不予受理的书面裁决、决定或者通知，当事人不服依法提起诉讼的，人民法院应当分别情况予以处理：

（一）属于劳动争议案件的，应当受理；

（二）虽不属于劳动争议案件，但属于人民法院主管的其他案件，应当依法受理。

第七条 劳动争议仲裁机构以申请仲裁的主体不适格为由，作出不予受理的书面裁决、决定或者通知，当事人不服依法提起诉讼，经审查确属主体不适格的，人民法院不予受理；已经受理的，裁定驳回起诉。

第八条 劳动争议仲裁机构为纠正原仲裁裁决错误重新作出裁决，当事人不服依法提起诉讼的，人民法院应当受理。

第九条 劳动争议仲裁机构仲裁的事项不属于人民法院受理的案件范围，当事人不服依法提起诉讼的，人民法院不予受理；已经受理的，裁定驳回起诉。

第十条 当事人不服劳动争议仲裁机构作出的预先支付劳动者劳动报酬、工伤医疗费、经济补偿或者赔偿金的裁决，依法提起诉讼的，人民法院不予受理。

用人单位不履行上述裁决中的给付义务，劳动者依法申请强制执行的，人民法院应予受理。

第十一条 劳动争议仲裁机构作出的调解书已经发生法律效力，一方当事人反悔提起诉讼的，人民法院不予受理；已经受理的，裁定驳回起诉。

第十二条 劳动争议仲裁机构逾期未作出受理决定或仲裁裁决，当事人直接提起诉讼的，人民法院应予受理，但申请仲裁的案件存在下列事由的除外：

（一）移送管辖的；

（二）正在送达或者送达延误的；

（三）等待另案诉讼结果、评残结论的；

（四）正在等待劳动争议仲裁机构开庭的；

（五）启动鉴定程序或者委托其他部门调查取证的；

（六）其他正当事由。

当事人以劳动争议仲裁机构逾期未作出仲裁裁决为

由提起诉讼的,应当提交该仲裁机构出具的受理通知书或者其他已接受仲裁申请的凭证、证明。

第十三条 劳动者依据劳动合同法第三十条第二款和调解仲裁法第十六条规定向人民法院申请支付令,符合民事诉讼法第十七章督促程序规定的,人民法院应予受理。

依据劳动合同法第三十条第二款规定申请支付令被人民法院裁定终结督促程序后,劳动者就劳动争议事项直接提起诉讼的,人民法院应当告知其先向劳动争议仲裁机构申请仲裁。

依据调解仲裁法第十六条规定申请支付令被人民法院裁定终结督促程序后,劳动者依据调解协议直接提起诉讼的,人民法院应予受理。

第十四条 人民法院受理劳动争议案件后,当事人增加诉讼请求的,如该诉讼请求与讼争的劳动争议具有不可分性,应当合并审理;如属独立的劳动争议,应当告知当事人向劳动争议仲裁机构申请仲裁。

第十五条 劳动者以用人单位的工资欠条为证据直接提起诉讼,诉讼请求不涉及劳动关系其他争议的,视为拖欠劳动报酬争议,人民法院按照普通民事纠纷受理。

第十六条 劳动争议仲裁机构作出仲裁裁决后,当事人对裁决中的部分事项不服,依法提起诉讼的,劳动争议仲裁裁决不发生法律效力。

第十七条 劳动争议仲裁机构对多个劳动者的劳动争议作出仲裁裁决后，部分劳动者对仲裁裁决不服，依法提起诉讼的，仲裁裁决对提起诉讼的劳动者不发生法律效力；对未提起诉讼的部分劳动者，发生法律效力，如其申请执行的，人民法院应当受理。

第十八条 仲裁裁决的类型以仲裁裁决书确定为准。仲裁裁决书未载明该裁决为终局裁决或者非终局裁决，用人单位不服该仲裁裁决向基层人民法院提起诉讼的，应当按照以下情形分别处理：

（一）经审查认为该仲裁裁决为非终局裁决的，基层人民法院应予受理；

（二）经审查认为该仲裁裁决为终局裁决的，基层人民法院不予受理，但应告知用人单位可以自收到不予受理裁定书之日起三十日内向劳动争议仲裁机构所在地的中级人民法院申请撤销该仲裁裁决；已经受理的，裁定驳回起诉。

第十九条 仲裁裁决书未载明该裁决为终局裁决或者非终局裁决，劳动者依据调解仲裁法第四十七条第一项规定，追索劳动报酬、工伤医疗费、经济补偿或者赔偿金，如果仲裁裁决涉及数项，每项确定的数额均不超过当地月最低工资标准十二个月金额的，应当按照终局裁决处理。

第二十条 劳动争议仲裁机构作出的同一仲裁裁决同时包含终局裁决事项和非终局裁决事项，当事人不服该仲裁裁决向人民法院提起诉讼的，应当按照非终局裁决处理。

第二十一条 劳动者依据调解仲裁法第四十八条规定向基层人民法院提起诉讼，用人单位依据调解仲裁法第四十九条规定向劳动争议仲裁机构所在地的中级人民法院申请撤销仲裁裁决的，中级人民法院应当不予受理；已经受理的，应当裁定驳回申请。

被人民法院驳回起诉或者劳动者撤诉的，用人单位可以自收到裁定书之日起三十日内，向劳动争议仲裁机构所在地的中级人民法院申请撤销仲裁裁决。

第二十二条 用人单位依据调解仲裁法第四十九条规定向中级人民法院申请撤销仲裁裁决，中级人民法院作出的驳回申请或者撤销仲裁裁决的裁定为终审裁定。

第二十三条 中级人民法院审理用人单位申请撤销终局裁决的案件，应当组成合议庭开庭审理。经过阅卷、调查和询问当事人，对没有新的事实、证据或者理由，合议庭认为不需要开庭审理的，可以不开庭审理。

中级人民法院可以组织双方当事人调解。达成调解协议的，可以制作调解书。一方当事人逾期不履行调解协议的，另一方可以申请人民法院强制执行。

第二十四条 当事人申请人民法院执行劳动争议仲裁机构作出的发生法律效力的裁决书、调解书，被申请人提出证据证明劳动争议仲裁裁决书、调解书有下列情形之一，并经审查核实的，人民法院可以根据民事诉讼法第二百三十七条规定，裁定不予执行：

（一）裁决的事项不属于劳动争议仲裁范围，或者劳动争议仲裁机构无权仲裁的；

（二）适用法律、法规确有错误的；

（三）违反法定程序的；

（四）裁决所根据的证据是伪造的；

（五）对方当事人隐瞒了足以影响公正裁决的证据的；

（六）仲裁员在仲裁该案时有索贿受贿、徇私舞弊、枉法裁决行为的；

（七）人民法院认定执行该劳动争议仲裁裁决违背社会公共利益的。

人民法院在不予执行的裁定书中，应当告知当事人在收到裁定书之次日起三十日内，可以就该劳动争议事项向人民法院提起诉讼。

第二十五条 劳动争议仲裁机构作出终局裁决，劳动者向人民法院申请执行，用人单位向劳动争议仲裁机构所在地的中级人民法院申请撤销的，人民法院应当裁定中止执行。

用人单位撤回撤销终局裁决申请或者其申请被驳回的，人民法院应当裁定恢复执行。仲裁裁决被撤销的，人民法院应当裁定终结执行。

用人单位向人民法院申请撤销仲裁裁决被驳回后，又在执行程序中以相同理由提出不予执行抗辩的，人民法院不予支持。

第二十六条 用人单位与其他单位合并的，合并前发生的劳动争议，由合并后的单位为当事人；用人单位分立为若干单位的，其分立前发生的劳动争议，由分立后的实际用人单位为当事人。

用人单位分立为若干单位后，具体承受劳动权利义务的单位不明确的，分立后的单位均为当事人。

第二十七条 用人单位招用尚未解除劳动合同的劳动者，原用人单位与劳动者发生的劳动争议，可以列新的用人单位为第三人。

原用人单位以新的用人单位侵权为由提起诉讼的，可以列劳动者为第三人。

原用人单位以新的用人单位和劳动者共同侵权为由提起诉讼的，新的用人单位和劳动者列为共同被告。

第二十八条 劳动者在用人单位与其他平等主体之间的承包经营期间，与发包方和承包方双方或者一方发生劳动争议，依法提起诉讼的，应当将承包方和发包方作为当事人。

第二十九条 劳动者与未办理营业执照、营业执照被吊销或者营业期限届满仍继续经营的用人单位发生争议的，应当将用人单位或者其出资人列为当事人。

第三十条 未办理营业执照、营业执照被吊销或者营业期限届满仍继续经营的用人单位，以挂靠等方式借用他人营业执照经营的，应当将用人单位和营业执照出借方列为当事人。

第三十一条 当事人不服劳动争议仲裁机构作出的仲裁裁决，依法提起诉讼，人民法院审查认为仲裁裁决遗漏了必须共同参加仲裁的当事人的，应当依法追加遗漏的人为诉讼当事人。

被追加的当事人应当承担责任的，人民法院应当一并处理。

第三十二条 用人单位与其招用的已经依法享受养老保险待遇或者领取退休金的人员发生用工争议而提起诉讼的，人民法院应当按劳务关系处理。①

企业停薪留职人员、未达到法定退休年龄的内退人

---

① 根据《最高人民法院关于审理劳动争议案件适用法律问题的解释（二）》，本款自2025年9月1日起废止。

员、下岗待岗人员以及企业经营性停产放长假人员，因与新的用人单位发生用工争议而提起诉讼的，人民法院应当按劳动关系处理。

第三十三条 外国人、无国籍人未依法取得就业证件即与中华人民共和国境内的用人单位签订劳动合同，当事人请求确认与用人单位存在劳动关系的，人民法院不予支持。

持有《外国专家证》并取得《外国人来华工作许可证》的外国人，与中华人民共和国境内的用人单位建立用工关系的，可以认定为劳动关系。

第三十四条 劳动合同期满后，劳动者仍在原用人单位工作，原用人单位未表示异议的，视为双方同意以原条件继续履行劳动合同。一方提出终止劳动关系的，人民法院应予支持。

根据劳动合同法第十四条规定，用人单位应当与劳动者签订无固定期限劳动合同而未签订的，人民法院可以视为双方之间存在无固定期限劳动合同关系，并以原劳动合同确定双方的权利义务关系。

第三十五条 劳动者与用人单位就解除或者终止劳动合同办理相关手续、支付工资报酬、加班费、经济补偿或者赔偿金等达成的协议，不违反法律、行政法规的强制性规定，且不存在欺诈、胁迫或者乘人之危情形的，应当认定有效。

前款协议存在重大误解或者显失公平情形,当事人请求撤销的,人民法院应予支持。

第三十六条 当事人在劳动合同或者保密协议中约定了竞业限制,但未约定解除或者终止劳动合同后给予劳动者经济补偿,劳动者履行了竞业限制义务,要求用人单位按照劳动者在劳动合同解除或者终止前十二个月平均工资的30%按月支付经济补偿的,人民法院应予支持。

前款规定的月平均工资的30%低于劳动合同履行地最低工资标准的,按照劳动合同履行地最低工资标准支付。

第三十七条 当事人在劳动合同或者保密协议中约定了竞业限制和经济补偿,当事人解除劳动合同时,除另有约定外,用人单位要求劳动者履行竞业限制义务,或者劳动者履行了竞业限制义务后要求用人单位支付经济补偿的,人民法院应予支持。

第三十八条 当事人在劳动合同或者保密协议中约定了竞业限制和经济补偿,劳动合同解除或者终止后,因用人单位的原因导致三个月未支付经济补偿,劳动者请求解除竞业限制约定的,人民法院应予支持。

第三十九条 在竞业限制期限内,用人单位请求解除竞业限制协议的,人民法院应予支持。

在解除竞业限制协议时,劳动者请求用人单位额外支付劳动者三个月的竞业限制经济补偿的,人民法院应予支持。

第四十条 劳动者违反竞业限制约定,向用人单位支付违约金后,用人单位要求劳动者按照约定继续履行竞业限制义务的,人民法院应予支持。

第四十一条 劳动合同被确认为无效,劳动者已付出劳动的,用人单位应当按照劳动合同法第二十八条、第四十六条、第四十七条的规定向劳动者支付劳动报酬和经济补偿。

由于用人单位原因订立无效劳动合同,给劳动者造成损害的,用人单位应当赔偿劳动者因合同无效所造成的经济损失。

第四十二条 劳动者主张加班费的,应当就加班事实的存在承担举证责任。但劳动者有证据证明用人单位掌握加班事实存在的证据,用人单位不提供的,由用人单位承担不利后果。

第四十三条 用人单位与劳动者协商一致变更劳动合同,虽未采用书面形式,但已经实际履行了口头变更的劳动合同超过一个月,变更后的劳动合同内容不违反法律、行政法规且不违背公序良俗,当事人以未采用书面形式为由主张劳动合同变更无效的,人民法院不予支持。

第四十四条 因用人单位作出的开除、除名、辞退、解除劳动合同、减少劳动报酬、计算劳动者工作年限等决定而发生的劳动争议,用人单位负举证责任。

第四十五条 用人单位有下列情形之一,迫使劳动者提出解除劳动合同的,用人单位应当支付劳动者的劳动报酬和经济补偿,并可支付赔偿金:

(一)以暴力、威胁或者非法限制人身自由的手段强迫劳动的;

(二)未按照劳动合同约定支付劳动报酬或者提供劳动条件的;

(三)克扣或者无故拖欠劳动者工资的;

(四)拒不支付劳动者延长工作时间工资报酬的;

(五)低于当地最低工资标准支付劳动者工资的。

第四十六条 劳动者非因本人原因从原用人单位被安排到新用人单位工作,原用人单位未支付经济补偿,劳动者依据劳动合同法第三十八条规定与新用人单位解除劳动合同,或者新用人单位向劳动者提出解除、终止劳动合同,在计算支付经济补偿或赔偿金的工作年限时,劳动者请求把在原用人单位的工作年限合并计算为新用人单位工作年限的,人民法院应予支持。

用人单位符合下列情形之一的，应当认定属于"劳动者非因本人原因从原用人单位被安排到新用人单位工作"：

（一）劳动者仍在原工作场所、工作岗位工作，劳动合同主体由原用人单位变更为新用人单位；

（二）用人单位以组织委派或任命形式对劳动者进行工作调动；

（三）因用人单位合并、分立等原因导致劳动者工作调动；

（四）用人单位及其关联企业与劳动者轮流订立劳动合同；

（五）其他合理情形。

第四十七条　建立了工会组织的用人单位解除劳动合同符合劳动合同法第三十九条、第四十条规定，但未按照劳动合同法第四十三条规定事先通知工会，劳动者以用人单位违法解除劳动合同为由请求用人单位支付赔偿金的，人民法院应予支持，但起诉前用人单位已经补正有关程序的除外。

第四十八条　劳动合同法施行后，因用人单位经营期限届满不再继续经营导致劳动合同不能继续履行，劳动者请求用人单位支付经济补偿的，人民法院应予支持。

第四十九条　在诉讼过程中，劳动者向人民法院申请采取财产保全措施，人民法院经审查认为申请人经济确有困难，或者有证据证明用人单位存在欠薪逃匿可能的，应当减轻或者免除劳动者提供担保的义务，及时采取保全措施。

人民法院作出的财产保全裁定中，应当告知当事人在劳动争议仲裁机构的裁决书或者在人民法院的裁判文书生效后三个月内申请强制执行。逾期不申请的，人民法院应当裁定解除保全措施。

第五十条　用人单位根据劳动合同法第四条规定，通过民主程序制定的规章制度，不违反国家法律、行政法规及政策规定，并已向劳动者公示的，可以作为确定双方权利义务的依据。

用人单位制定的内部规章制度与集体合同或者劳动合同约定的内容不一致，劳动者请求优先适用合同约定的，人民法院应予支持。

第五十一条　当事人在调解仲裁法第十条规定的调解组织主持下达成的具有劳动权利义务内容的调解协议，具有劳动合同的约束力，可以作为人民法院裁判的根据。

当事人在调解仲裁法第十条规定的调解组织主持下仅就劳动报酬争议达成调解协议，用人单位不履行调解协议确定的给付义务，劳动者直接提起诉讼的，人民法院可以按照普通民事纠纷受理。

第五十二条　当事人在人民调解委员会主持下仅就给付义务达成的调解协议，双方认为有必要的，可以共同向人民调解委员会所在地的基层人民法院申请司法确认。

第五十三条　用人单位对劳动者作出的开除、除名、辞退等处理，或者因其他原因解除劳动合同确有错误的，人民法院可以依法判决予以撤销。

对于追索劳动报酬、养老金、医疗费以及工伤保险待遇、经济补偿金、培训费及其他相关费用等案件，给付数额不当的，人民法院可以予以变更。

第五十四条　本解释自 2021 年 1 月 1 日起施行。

最高人民法院关于审理劳动争议案件适用法律问题的解释（二）

（2025年2月17日最高人民法院审判委员会第1942次会议通过 2025年7月31日最高人民法院公告公布 自2025年9月1日起施行

法释〔2025〕12号）

为正确审理劳动争议案件，根据《中华人民共和国民法典》《中华人民共和国劳动法》《中华人民共和国劳动合同法》《中华人民共和国民事诉讼法》《中华人民共和国劳动争议调解仲裁法》等相关法律规定，结合审判实践，制定本解释。

第一条 具备合法经营资格的承包人将承包业务转包或者分包给不具备合法经营资格的组织或者个人，该组织或者个人招用的劳动者请求确认承包人为承担用工主体责任单位，承担支付劳动报酬、认定工伤后的工伤保险待遇等责任的，人民法院依法予以支持。

第二条 不具备合法经营资格的组织或者个人挂靠

具备合法经营资格的单位对外经营，该组织或者个人招用的劳动者请求确认被挂靠单位为承担用工主体责任单位，承担支付劳动报酬、认定工伤后的工伤保险待遇等责任的，人民法院依法予以支持。

第三条 劳动者被多个存在关联关系的单位交替或者同时用工，其请求确认劳动关系的，人民法院按照下列情形分别处理：

（一）已订立书面劳动合同，劳动者请求按照劳动合同确认劳动关系的，人民法院依法予以支持；

（二）未订立书面劳动合同的，根据用工管理行为，综合考虑工作时间、工作内容、劳动报酬支付、社会保险费缴纳等因素确认劳动关系。

劳动者请求符合前款第二项规定情形的关联单位共同承担支付劳动报酬、福利待遇等责任的，人民法院依法予以支持，但关联单位之间依法对劳动者的劳动报酬、福利待遇等作出约定且经劳动者同意的除外。

第四条 外国人与中华人民共和国境内的用人单位建立用工关系，有下列情形之一，外国人请求确认与用人单位存在劳动关系的，人民法院依法予以支持：

（一）已取得永久居留资格的；

（二）已取得工作许可且在中国境内合法停留居留的；

（三）按照国家有关规定办理相关手续的。

第五条 依法设立的外国企业常驻代表机构可以作为劳动争议案件的当事人。当事人申请追加外国企业参加诉讼的，人民法院依法予以支持。

第六条 用人单位未依法与劳动者订立书面劳动合同，应当支付劳动者的二倍工资按月计算；不满一个月的，按该月实际工作日计算。

第七条 劳动者以用人单位未订立书面劳动合同为由，请求用人单位支付二倍工资的，人民法院依法予以支持，但用人单位举证证明存在下列情形之一的除外：

（一）因不可抗力导致未订立的；

（二）因劳动者本人故意或者重大过失未订立的；

（三）法律、行政法规规定的其他情形。

第八条 劳动合同期满，有下列情形之一的，人民法院认定劳动合同期限依法自动续延，不属于用人单位未订立书面劳动合同的情形：

（一）劳动合同法第四十二条规定的用人单位不得解除劳动合同的；

（二）劳动合同法实施条例第十七条规定的服务期尚未到期的；

（三）工会法第十九条规定的任期未届满的。

第九条 有证据证明存在劳动合同法第十四条第三款规定的"视为用人单位与劳动者已订立无固定期限劳

动合同"情形，劳动者请求与用人单位订立书面劳动合同的，人民法院依法予以支持；劳动者以用人单位未及时补订书面劳动合同为由，请求用人单位支付视为已与劳动者订立无固定期限劳动合同期间二倍工资的，人民法院不予支持。

第十条 有下列情形之一的，人民法院应认定为符合劳动合同法第十四条第二款第三项"连续订立二次固定期限劳动合同"的规定：

（一）用人单位与劳动者协商延长劳动合同期限累计达到一年以上，延长期限届满的；

（二）用人单位与劳动者约定劳动合同期满后自动续延，续延期限届满的；

（三）劳动者非因本人原因仍在原工作场所、工作岗位工作，用人单位变换劳动合同订立主体，但继续对劳动者进行劳动管理，合同期限届满的；

（四）以其他违反诚信原则的规避行为再次订立劳动合同，期限届满的。

第十一条 劳动合同期满后，劳动者仍在用人单位工作，用人单位未表示异议超过一个月，劳动者请求用人单位以原条件续订劳动合同的，人民法院依法予以支持。

符合订立无固定期限劳动合同情形，劳动者请求用人单位以原条件订立无固定期限劳动合同的，人民法院依法予以支持。

用人单位解除劳动合同，劳动者请求用人单位依法承担解除劳动合同法律后果的，人民法院依法予以支持。

第十二条 除向劳动者支付正常劳动报酬外，用人单位与劳动者约定服务期限并提供特殊待遇，劳动者违反约定提前解除劳动合同且不符合劳动合同法第三十八条规定的单方解除劳动合同情形时，用人单位请求劳动者承担赔偿损失责任的，人民法院可以综合考虑实际损失、当事人的过错程度、已经履行的年限等因素确定劳动者应当承担的赔偿责任。

第十三条 劳动者未知悉、接触用人单位的商业秘密和与知识产权相关的保密事项，劳动者请求确认竞业限制条款不生效的，人民法院依法予以支持。

竞业限制条款约定的竞业限制范围、地域、期限等内容与劳动者知悉、接触的商业秘密和与知识产权相关的保密事项不相适应，劳动者请求确认竞业限制条款超过合理比例部分无效的，人民法院依法予以支持。

第十四条 用人单位与高级管理人员、高级技术人员和其他负有保密义务的人员约定在职期间竞业限制条款，劳动者以不得约定在职期间竞业限制、未支付经济补偿为由请求确认竞业限制条款无效的，人民法院不予支持。

第十五条　劳动者违反有效的竞业限制约定，用人单位请求劳动者按照约定返还已经支付的经济补偿并支付违约金的，人民法院依法予以支持。

第十六条　用人单位违法解除或者终止劳动合同后，有下列情形之一的，人民法院可以认定为劳动合同法第四十八条规定的"劳动合同已经不能继续履行"：

（一）劳动合同在仲裁或者诉讼过程中期满且不存在应当依法续订、续延劳动合同情形的；

（二）劳动者开始依法享受基本养老保险待遇的；

（三）用人单位被宣告破产的；

（四）用人单位解散的，但因合并或者分立需要解散的除外；

（五）劳动者已经与其他用人单位建立劳动关系，对完成用人单位的工作任务造成严重影响，或者经用人单位提出，不与其他用人单位解除劳动合同的；

（六）存在劳动合同客观不能履行的其他情形的。

第十七条　用人单位未按照国务院安全生产监督管理部门、卫生行政部门的规定组织从事接触职业病危害作业的劳动者进行离岗前的职业健康检查，劳动者在双方解除劳动合同后请求继续履行劳动合同的，人民法院依法予以支持，但有下列情形之一的除外：

（一）一审法庭辩论终结前，用人单位已经组织劳动者进行职业健康检查且经检查劳动者未患职业病的；

（二）一审法庭辩论终结前，用人单位组织劳动者进行职业健康检查，劳动者无正当理由拒绝检查的。

第十八条　用人单位违法解除、终止可以继续履行的劳动合同，劳动者请求用人单位支付违法解除、终止决定作出后至劳动合同继续履行前一日工资的，用人单位应当按照劳动者提供正常劳动时的工资标准向劳动者支付上述期间的工资。

用人单位、劳动者对于劳动合同解除、终止都有过错的，应当各自承担相应的责任。

第十九条　用人单位与劳动者约定或者劳动者向用人单位承诺无需缴纳社会保险费的，人民法院应当认定该约定或者承诺无效。用人单位未依法缴纳社会保险费，劳动者根据劳动合同法第三十八条第一款第三项规定请求解除劳动合同、由用人单位支付经济补偿的，人民法院依法予以支持。

有前款规定情形，用人单位依法补缴社会保险费后，请求劳动者返还已支付的社会保险费补偿的，人民法院依法予以支持。

第二十条　当事人在仲裁期间因自身原因未提出仲裁时效抗辩，在一审或者二审诉讼期间提出仲裁时效抗辩的，人民法院不予支持。当事人基于新的证据能够证明对方当事人请求权的仲裁时效期间届满的,人民法院应予支持。

当事人未按照前款规定提出仲裁时效抗辩,以仲裁时效期间届满为由申请再审或者提出再审抗辩的,人民法院不予支持。

第二十一条 本解释自 2025 年 9 月 1 日起施行。《最高人民法院关于审理劳动争议案件适用法律问题的解释(一)》(法释〔2020〕26 号)第三十二条第一款同时废止。最高人民法院此前发布的司法解释与本解释不一致的,以本解释为准。

最高法相关部门负责人就劳动争议司法解释（二）答记者问

2025年8月1日，最高人民法院举行新闻发布会，发布《最高人民法院关于审理劳动争议案件适用法律问题的解释（二）》及典型案例。最高人民法院审判委员会委员、民一庭庭长陈宜芳，最高人民法院民一庭副庭长吴景丽，最高人民法院民一庭二级高级法官张艳出席发布会并回答了记者提问。发布会由最高人民法院新闻局副局长姬忠彪主持。

问：请问实践中用人单位、劳动者不缴纳社会保险费的原因有哪些？《解释二》规定，约定不缴纳社会保险费无效，劳动者据此解除劳动合同，用人单位需要支付解除劳动合同经济补偿是出于什么考虑？

答：实践中，用人单位不缴纳社会保险费的原因多样，有的出于降低用工成本的目的，不为劳动者办理社

---

* 参见最高人民法院网站，载 https://www.court.gov.cn/zixun/xiangqing/472671.html，最后访问时间：2025年8月4日。

会保险手续、缴纳社会保险费用；有的以"社保补贴"的方式将现金发放给劳动者，由劳动者自行购买城乡居民养老保险等。也有部分劳动者，尤其是年轻的劳动者群体参保意愿不强，为在工作期间获得更多的现金性收益，主动不参加社会保险。对于双方因缴纳社会保险费产生的纠纷，《解释二》规定了劳动者以用人单位未依法缴纳社会保险费为由解除劳动合同，由用人单位支付解除劳动合同经济补偿的裁判规则。确立此规则是出于以下考虑：一是依法享受社会保险待遇是劳动者的基本权益，有利于社会稳定。从长远看，依法缴纳社会保险费可以帮助劳动者在遭遇年老、疾病、工伤、生育、失业等风险时，防止收入的中断和丧失，保障其基本生活需求。二是依法缴纳社会保险费是用人单位的法定义务。用人单位在劳动者参加社会保险、缴纳社会保险费的过程中发挥着更为主动和关键的作用，劳动者不缴纳社会保险费的行为离不开用人单位的配合。实践中更多的情况是用人单位基于成本控制等考虑与劳动者约定、或者让劳动者单方承诺不缴纳社会保险费，处于弱势地位的劳动者没有选择权。三是明确用人单位承担支付经济补偿责任可以倒逼用人单位为劳动者依法缴纳社会保险费，有效预防纠纷，促推社会治理。社会保险法第六十三条第一款规定："用人单位未按时足额缴纳社会保险费的，由社会保险费征收机构责令其限期缴纳或者补足。"劳动者发现用人单位存在不缴纳社会保险费的违法行为，可以依法请求行政机关责令用人单位限期缴纳或者补足，及时维护自身合法权益。

问：劳动合同法规定用人单位未与劳动者订立书面劳动合同应支付二倍工资。《解释二》规定，非用人单位原因未订立书面劳动合同的，用人单位不支付二倍工资。请问，作此规定的原因是什么？具体包括哪些情形？

答：基于实践中不订立书面劳动合同的主要原因在于用人单位的现状，劳动合同法将订立书面劳动合同的义务及责任主要赋予了用人单位。但我们在审判实践中发现，也确实有非用人单位原因未订立书面劳动合同的情况。比如，因不可抗力等客观原因导致无法订立；从事管理工作、负有订立劳动合同职责的劳动者自己不订立。如果不区分用人单位对未订立书面劳动合同是否存在过错，一概由用人单位承担支付二倍工资的责任，与当前的用工实际和实质正义要求不符。《解释二》在总结审判经验的基础上，规定因不可抗力、劳动者本人故意或者重大过失及存在法律、行政法规规定的其他情形未订立书面劳动合同时，用人单位无需支付二倍工资。此规则既符合诚信原则，也有利于衡平保护劳动者、用人单位双方的合法权益。同时规定，在劳动合同到期依法自动续延的情况下，用人单位不支付二倍工资。在用人单位用工满一年不与劳动者订立书面劳动合同，视为双方已订立无固定期限劳动合同的情况下，用人单位不再支付二倍工资，但劳动者可以要求用人单位与其订立书面劳动合同。此外，《解释二》还规定了未订立书面劳动合同二倍工资的具体计算方式，即按月计算，不满一个月，按照实际工作日计算。

问：刚才陈庭长在发布中介绍了《解释二》对于竞业限制约定泛化和滥用方面予以规制的内容。我们知道，竞业限制制度也具有保护用人单位竞争优势的作用。想请问一下，《解释二》如何平衡好劳动者择业自由和保护企业竞争优势之间的关系？

答：知识产权（包含商业秘密）具有重大的经济价值。在社会主义市场经济条件下，市场主体的生存发展与劳动人才的竞争密切相关。设立竞业限制制度的目的是避免恶性竞争，这项制度是衡平保护用人单位经营权与劳动者择业权的具体体现。最高人民法院高度重视竞业限制纠纷化解工作，在《解释二》制定过程中，坚持既保护用人单位竞争优势，又畅通人才自由流动的理念。在职工作期间，用人单位通过支付劳动报酬保障劳动者的就业和生存权，竞业限制人员基于对用人单位的忠实义务应承担在职竞业限制义务。因此，《解释二》在明确"竞业限制"不应被滥用鲜明导向的同时，也规定，用人单位依法与竞业限制人员约定的在职竞业限制条款合法有效，用人单位无需为此支付经济补偿。因劳动者违反竞业限制约定会给用人单位带来风险和损失，为保护用人单位的竞争优势，《解释二》规定劳动者违反竞业限制约定时，应依法承担违约责任。

典型案例*

1. 某建筑公司与张某工伤保险待遇纠纷案
——转承包建设工程的个人招用的劳动者被认定工伤后,承包人负有支付工伤保险待遇的责任

【基本案情】

某建筑公司将所承包工程转包给刘某。2021年8月,刘某招用张某到工地工作。2021年10月10日,张某在作业时从高处坠落受伤,诊断为腰椎骨折。生效判决已确认某建筑公司与张某之间不存在劳动关系。2023年3月14日,人社部门作出《认定工伤决定书》,认定张某受到的事故伤害为工伤,某建筑公司对张某受到的事故伤害承担工伤保险责任。经劳动能力鉴定委员会鉴定,确定张某劳动功能障碍等级为八级,生活自理障碍等级未达级,停工留薪期6个月。张某向某劳动人事争议仲裁委员会申请仲

---

* 案例来源于《最高法发布劳动争议典型案例》,载最高人民法院网站,https://www.court.gov.cn/zixun/xiangqing/472681.html,最后访问时间:2025年8月4日。

裁，请求某建筑公司支付八级伤残应享有的工伤保险待遇。某劳动人事争议仲裁委员会予以支持。某建筑公司不服，诉至人民法院。

【裁判结果】

审理法院认为，根据《最高人民法院关于审理工伤保险行政案件若干问题的规定》，工伤保险责任的承担并非必须以存在劳动关系作为前提条件。在建筑工程转包给个人的情况下，一旦发生工伤事故，具备用工主体资格的承包人应当承担工伤保险责任。本案中，某建筑公司将案涉工程转包给刘某，刘某招用的张某在施工过程中受伤且已被认定为工伤。虽某建筑公司与张某之间不存在劳动关系，但某建筑公司作为案涉工程的承包人，仍需承担工伤保险责任。在某建筑公司未为张某缴纳工伤保险费的情况下，审理法院判令其向张某支付相应的工伤保险待遇。

【典型意义】

工伤保险作为社会保障体系的重要组成部分，对于保障工伤职工的权益、促进社会公平具有重要意义。实践中，有的承包人为了规避直接用工的劳动法义务，将其承包的业务转包、分包给不具备合法经营资格的组织或者个人。此类组织或者个人往往没有足够的能力承担相应的法律责任。《最高人民法院关于审理工伤保险行政案件若干问题的规定》第三条第一款规定："社会保险行政部门认定下列单位为承担工伤保险责任单位的，人民法院应予支持：

……(四)用工单位违反法律、法规规定将承包业务转包给不具备用工主体资格的组织或者自然人,该组织或者自然人聘用的职工从事承包业务时因工伤亡的,用工单位为承担工伤保险责任的单位;……"发生工伤后,劳动者可以向社会保险行政部门申请认定工伤、承包人为承担工伤保险责任的单位。认定工伤后,如果承包人未为劳动者缴纳工伤保险费,劳动者可以要求承包人承担支付工伤保险待遇的责任。本案中,承包人承担支付工伤保险待遇等用工主体责任的规则,既体现了对转包、分包行为的否定性评价,又能够使劳动者在发生工伤后获得及时救济,有利于健全和规范建筑市场秩序,充分保护劳动者的合法权益。

2. 王某与某数字公司劳动合同纠纷案

——关联企业混同用工,人民法院可根据劳动者主张并结合案情认定劳动关系

【基本案情】

某数字公司系一人公司,其法定代表人、股东均为梁某。某科技公司的法定代表人为梁某,股东为梁某(持股比例60%)、胡某(持股比例40%)。两公司系关联企业,营业执照记载的经营范围重合。某科技公司发布招聘启事,王某应聘后于2022年8月1日入职并工作至2023年2月

22日。工作期间,王某的工作地点悬挂有"某数字公司"名牌,日常工作沟通使用的微信、QQ聊天软件有"某数字公司"字样。两公司均未与王某订立书面劳动合同、亦未缴纳社会保险费与办理招退工手续,王某工资系通过梁某个人账户发放。王某认为,某数字公司与某科技公司合署办公、业务相同、人员混同,两公司已对其形成混同用工,遂择一向某劳动人事争议仲裁委员会申请仲裁,提出确认其与某数字公司存在劳动关系并支付欠发工资等请求。某劳动人事争议仲裁委员会不予支持。王某不服,诉至人民法院。

【裁判结果】

审理法院认为,某数字公司、某科技公司属关联企业,经营业务存在重合,梁某同时担任两公司股东及法定代表人,王某难以确定实际用人单位。王某虽通过某科技公司名义应聘入职,但是其工作场所张贴有"某数字公司"名牌、工作沟通使用的通讯软件冠以"某数字公司"名称,王某的工作内容包含某数字公司经营业务,其有理由相信是为某数字公司提供劳动。审理法院判决支持王某要求确认与某数字公司存在劳动关系并支付欠发工资等诉讼请求。

【典型意义】

混同用工多发生于关联企业之间。关联企业采取不订立书面劳动合同等方式,人为造成劳动关系归属模糊,并在诉讼中相互推诿,进而达到规避承担用人单位责任的目的。在关联企业对劳动者混同用工但均未订立书面劳动合同的情况下，人民法院主要根据用工管理行为，综合考虑工作时间、工作内容、劳动报酬支付、社会保险费缴纳等因素确认劳动关系。本案中，人民法院根据王某的诉请，结合用工事实，支持其要求确认与某数字公司存在劳动关系等诉讼请求，依法纠正用人单位借混同用工规避义务等违法行为，有利于充分保障劳动者的合法权益、引导用人单位规范用工。

3. 冉某与某宾馆、某农旅公司劳动争议案

——劳动者故意不订立书面劳动合同，用人
　单位不负有支付二倍工资的责任

【基本案情】

2018年12月11日，冉某与某康旅公司订立劳动合同，约定合同期限为2018年12月11日至2023年12月10日，职务为财务部负责人。劳动合同到期后，某康旅公司多次通过口头及微信方式通知冉某续订劳动合同，冉某以"公司要解散，不签合同可以拿二倍工资"为由拒绝续订。2024年4月30日，冉某与某康旅公司订立《解除劳动合同协议书》，双方同意解除劳动合同，并确认某康旅公司不拖欠冉某2024年4月30日前的工资及其他报酬。某康旅公

司为冉某缴纳社会保险费至2024年4月，为冉某发放的经济补偿计算年限截至日期为2024年4月30日。2024年5月，某康旅公司注销登记，其权利义务由某宾馆承继。某农旅公司系某康旅公司股东。冉某向某劳动人事争议仲裁委员会申请仲裁，提出某宾馆、某农旅公司支付未订立书面劳动合同二倍工资等请求。某劳动人事争议仲裁委员会作出不予受理通知书。冉某不服，诉至人民法院。

【裁判结果】

审理法院认为，某康旅公司与冉某的劳动合同到期后，冉某继续工作，某康旅公司仍按照原劳动合同约定支付劳动报酬并为冉某缴纳社会保险费。期间，某康旅公司多次要求与冉某续订书面劳动合同，但冉某拒绝订立。在冉某故意不订立书面劳动合同的情况下，某康旅公司无需承担支付二倍工资的责任，承继其权利义务的某宾馆及其股东某农旅公司亦不承担责任。审理法院判决驳回冉某有关支付二倍工资等诉讼请求。

【典型意义】

劳动合同法第八十二条规定："用人单位自用工之日起超过一个月不满一年未与劳动者订立书面劳动合同的，应当向劳动者每月支付二倍的工资。用人单位违反本法规定不与劳动者订立无固定期限劳动合同的，自应当订立无固定期限劳动合同之日起向劳动者每月支付二倍的工资。"用人单位未订立书面劳动合同支付二倍工资规则是法律为维护劳动者合法权益、督促用人单位履行法定义务而作出的规定，不应使不诚信者不当获利。本案明确了支付二倍工资规则不适用于劳动者故意不与用人单位订立书面劳动合同的情形，体现鲜明价值导向，制约和惩处违背诚信原则的行为，引导劳动者、用人单位自觉履行法定义务。

4. 某甲医药公司与郑某竞业限制纠纷案

——劳动者负有的竞业限制义务应与
其知悉的商业秘密和与知识产权
相关的保密事项范围相适应

【基本案情】

郑某入职某甲医药公司（主要经营生物医药业务），担任生产运营部首席技术官。在职期间，郑某接触过关联公司某乙医药公司两款药物化学成分生产与控制细节等保密信息。郑某于2021年9月29日提出辞职申请并订立《竞业限制协议》，约定的竞业限制期为24个月。郑某离职后入职某生物公司，担任高级副总裁并告知某甲医药公司。2022年2月，某甲医药公司以某生物公司与该公司均系生物医药公司，两公司存在竞争关系，郑某违反竞业限制约定为由，向某劳动人事争议仲裁委员会申请仲裁，提出郑某支付竞业限制违约金710万元、赔偿损失100万元并返还已支付的经济补偿196185元、继续履行《竞业限制协议》等请求。某劳动人事争议仲裁委员会以超过法定期限为由终结案件审理。某甲医药公司不服，诉至人民法院。

【裁判结果】

审理法院认为，首先，根据立法目的，劳动者的竞业限制范围应限于竞业限制制度保护事项的必要范围之内，应与劳动者知悉的关联方的商业秘密和与知识产权相关的保密事项范围相适应。某甲医药公司与郑某约定的不竞争的主体包括关联公司某乙医药公司。郑某仅接触过某乙医药公司两款药物的保密信息，其负有的不竞争义务应当限于上述两款药物。其次，竞业限制纠纷案件中，有竞争关系的其他用人单位应指能够提供具有较为紧密替代关系的产品或者服务的其他用人单位。就生物医药公司的竞争关系而言，应根据经营的药品适应症、作用机理、临床用药方案等，在判断药品之间可替代性的基础上进行认定。对比郑某入职的某生物公司的产品与某甲医药公司的产品、某乙医药公司的上述两款药物，虽然均包括癌症治疗产品，但从适应症和用药方案上看，不具有可替代性。审理法院据此认定，郑某入职的公司不属于与某甲医药公司或者其关联方经营同类产品、从事同类业务的有竞争关系的其他用人单位，判决驳回某甲医药公司的全部诉讼请求。

【典型意义】

人才是中国式现代化的基础性、战略性支撑之一。《中共中央关于进一步全面深化改革、推进中国式现代化的决定》提出"完善人才有序流动机制"。劳动合同法规定竞业限制制度，主要是为了保护用人单位的商业秘密和与知识产权相关的保密事项，防止不正当竞争，并不限制人才有序流动。人民法院在审理竞业限制纠纷案件过程中，要衡平好劳动者自主择业与市场公平竞争之间的关系，促进人才有序流动和合理配置。本案中，劳动者属于竞业限制人员。人民法院在双方约定的竞业限制范围包括用人单位关联公司的情况下，将劳动者负有的竞业限制义务限制在劳动者知悉的关联方商业秘密和与知识产权相关的保密事项范围内。同时，在根据当事人申请准许具有专门知识的人到庭，辅助查明相关药物的技术原理、适应症、用药方案以及劳动者新入职单位与原单位经营的产品不具有较为紧密的替代关系的基础上，准确认定两公司没有竞争关系，有效保障高技术人才的有序流动。

5. 黄某与某纺织公司竞业限制纠纷案

——劳动者违反在职竞业限制义务约定，
　应依法承担违约责任

【基本案情】

黄某于 2020 年 11 月与某纺织公司订立劳动合同，约定其从事布匹销售工作，担任销售经理。2022年6月10日，黄某与某纺织公司订立《保守商业秘密及竞业限制协议》，约定：竞业限制的期限包括但不限于合同期内及离职后两年内，不得自营或者为他人经营与某纺织公司有竞争的业务；黄某若违反协议约定，某纺织公司有权要求黄某承担违约责任。2022年9月至2022年10月期间，黄某多次自行联系供货商向某纺织公司的客户于某出售布匹，于某共向黄某支付货款122400元。此外，黄某自认，其在订立《保守商业秘密及竞业限制协议》之前也曾自行联系供货商向案外人出售过布匹，销售额为468900元。2022年10月28日，黄某以个人原因为由向某纺织公司提出辞职。某纺织公司向某劳动人事争议仲裁委员会申请仲裁，要求黄某承担违反竞业限制义务的违约责任。某劳动人事争议仲裁委员会作出不予受理通知书。某纺织公司不服，诉至人民法院。

【裁判结果】

审理法院认为，黄某与某纺织公司订立《保守商业秘密及竞业限制协议》，约定合同期内不得自营或者为他人经营与某纺织公司有竞争关系的业务，否则应承担相应的违约责任。黄某作为销售经理，掌握客户信息，其与某纺织公司所订协议系双方当事人真实意思表示，内容不违反法律、行政法规的强制性规定，双方均应依约履行。黄某在订立协议后多次自行联系其他供货商向某纺织公司的客户出售布匹，所得货款归己所有，此属于自营与某纺织公司有竞争关系业务的行为，违反了协议约定。审理法院判决黄某依法向某纺织公司承担违约责任。

【典型意义】

忠实义务包含竞业限制义务。实践中，竞业限制人员自营或者为他人经营与用人单位有竞争关系的业务，会对用人单位造成较大损害。用人单位为维护自身合法权益，与竞业限制人员以书面协议形式依法约定在职期间负有竞业限制义务的，劳动者应依约履行。本案中，人民法院判决违反在职期间竞业限制义务的劳动者依法承担违约责任，有利于引导劳动者自觉遵守法律法规、职业道德，不得为了个人利益而牺牲用人单位利益，对于促进用人单位经营发展具有积极作用。

6. 朱某与某保安公司劳动争议案

——有关不缴纳社会保险费的约定无效，
　　劳动者以此为由解除劳动合同时有权
　　请求用人单位支付经济补偿

【基本案情】

2022年7月，朱某入职某保安公司，双方约定某保安公司不为朱某缴纳社会保险费，而是将相关费用以补助形式直接发放给朱某。此后，某保安公司未为朱某缴纳社会保险费。朱某认为有关不缴纳社会保险费的约定是某保安公司事先打印好的格式条款，剥夺其法定权利，与现行法律法规相悖，不具有法律效力。朱某以此为由解除劳动合同，向某劳动人事争议仲裁委员会申请仲裁，提出某保安公司支付解除劳动合同经济补偿等请求。某劳动人事争议仲裁委员会未支持朱某有关支付解除劳动合同经济补偿的请求。朱某不服，诉至人民法院。

【裁判结果】

审理法院认为，缴纳社会保险费是用人单位和劳动者的法定义务，除法律规定的事由外，不因双方约定而免除，双方有关不缴纳社会保险费的约定无效。某保安公司未依法为朱某缴纳社会保险费，朱某以此为由解除劳动合同，符合用人单位应当支付经济补偿的法定情形。审理法院判决某保安公司支付朱某解除劳动合同的经济补偿。

【典型意义】

依法参加社会保险是用人单位和劳动者的法定义务。人民法院在本案中明确了用人单位与劳动者有关不缴纳社会保险费的约定因违法而无效的规则。若用人单位与劳动者订立此类协议、以补助等形式发放社会保险费，劳动者可以用人单位未依法缴纳社会保险费为由提出解除劳动合同，用人单位要承担支付经济补偿的责任。此规则有助于督促用人单位通过依法缴纳社会保险费的方式分散用工风险，引导劳动者关注长远利益，充分发挥社会保险制度保障和改善民生的作用。

图书在版编目（CIP）数据

中华人民共和国劳动争议调解仲裁法　最高人民法院关于审理劳动争议案件适用法律问题的解释（一）、（二）：含典型案例 / 中国法治出版社编. -- 北京：中国法治出版社，2025.8. -- ISBN 978-7-5216-5616-9

Ⅰ.D922.591.5

中国国家版本馆 CIP 数据核字第 2025AG3214 号

中华人民共和国劳动争议调解仲裁法　最高人民法院关于审理劳动争议案件适用法律问题的解释（一）、（二）：含典型案例
ZHONGHUA RENMIN GONGHEGUO LAODONG ZHENGYI TIAOJIE ZHONGCAIFA ZUIGAO RENMIN FAYUAN GUANYU SHENLI LAODONG ZHENGYI ANJIAN SHIYONG FALÜ WENTI DE JIESHI (YI)、(ER)：HAN DIANXING ANLI

经销/新华书店
印刷/保定市中画美凯印刷有限公司

开本/880 毫米×1230 毫米　32 开	印张/2　字数/28 千
版次/2025 年 8 月第 1 版	2025 年 8 月第 1 次印刷

中国法治出版社出版

书号 ISBN 978-7-5216-5616-9　　　　　　　　　定价：8.00 元

北京市西城区西便门西里甲 16 号西便门办公区
邮政编码：100053　　　　　　　　　　传真：010-63141600
网址：http：//www.zgfzs.com　　　　　编辑部电话：010-63141799
市场营销部电话：010-63141612　　　　印务部电话：010-63141606

（如有印装质量问题，请与本社印务部联系。）